„Kampfbereit" wie Bruder Jesus allezeit

Hubertus Scheurer

„Kampfbereit"
wie Bruder Jesus allezeit

Zu Guttenberg bewahr uns vor
Trittihnnesen, Gysi-tor!
Die Verleumder hier im Land
mach ich weiterhin bekannt.

Lyrik

Bibliografische Information der Deutschen Nationalbibliothek
Die Deutsche Nationalbibliothek verzeichnet diese Publikation
in der Deutschen Nationalbibliografie; detaillierte bibliografische
Daten sind im Internet über http://dnb.d-nb.de abrufbar.

© 2011 Hubertus Scheurer
www.hubertus-scheurer.de

Satz, Umschlaggestaltung, Herstellung und Verlag:
Books on Demand GmbH, Norderstedt

ISBN 978-3-8448-7206-4

Inhaltsverzeichnis

Vorwort

Meine Kampfbereitschaft habe ich dadurch zum Ausdruck gebracht, dass in der Landeshauptstadt Berlin in großem Umfang auf meine Bücher »Armes Deutschland« und »Schlaf, Bürger, schlaf« hingewiesen wurde.

Dafür ließ ich 950 Plakate drucken (Abbildungen am Schluss dieses Buches), die so zum Aushang kamen, dass sie von breiten Teilen der Bevölkerung und den Abgeordneten des Bundestages wahrgenommen werden konnten.

Beide Plakate wurden auch in Hamburg veröffentlicht. Außerdem erhielten die Abgeordneten des Hamburger Senats eine entsprechende Information durch die von mir selbst vorgenommene Postwurfsendung im Hamburger Rathaus.

Ähnliche Aktionen, wie der Versand des Buches »Bürger, wacht auf!« an alle Abgeordneten des Bundestages und die Verteilung von Büchern an die Mitglieder des Hamburger Senats, brachten keinerlei Resonanz, und diese ist auch bei den neuerlichen Aktionen, bis auf zwei Ausnahmen, ausgeblieben.

Zum einen bekam ich eine freundliche Zuschrift von der Reimfee (Sh.: Gedicht »Die Reimfee«), zum anderen wurde die »Junge Freiheit« auf meine Plakate aufmerksam.

Ich habe dieser Berliner Zeitung, auf deren Wunsch hin, Informationen übersandt, und inwieweit das zu einer Berichterstattung führen wird, ist bisher noch nicht abzusehen.

So setze ich meine kritischen Betrachtungen zur Rechtslage der Nation in diesem Buch fort, und es ist daraus zu ersehen, dass ich, trotz der zunehmenden Altersbeschwerden, den mir gestellten Aufgaben als Einzelkämpfer immer noch gerecht werde.

Hubertus Scheurer

Geschichte zum Denken

Mein Erleben dieser Welt
Hab ich wortreich dargestellt;
Vergegenwärtigt nun Geschichte
Durch Reime, Verse und Gedichte.

Geschichte, die sehr offen zeigt,
Was man nur allzu gern verschweigt;
Könnt einen und den andren lenken
Zum selbstverantwortlichen Denken.

Tritt dieses ein, geht auf die Saat,
Dann wandelt sich das Wort zur Tat,
Wenn nicht, kann ich auch damit leben,
Ich hab mein Mögliches gegeben.

Tapferkeit, Eigensinn, Geduld

Tapferkeit, Eigensinn, Geduld,
Ich steh in Hermann Hesses Schuld,
Wenn ich, was er bracht zu Papier,
Noch einmal rekapitulier.

Tapferkeit, schrieb er, sie stärkt,
Das hab ich schon früh gemerkt;
Mög sie weiter treu mir sein,
Bis ich stell die Atmung ein.

Eigensinn, der macht uns Spaß,
Für mich gilt bestimmt auch das,
Doch vor allem, er verleiht
Mir die Unabhängigkeit.

Schwer hab ich es mit Geduld,
Noch bezeug ich ihr kaum Huld;
Sie gibt Ruhe, fängt wohl dann
Erst im Jenseits für mich an.

„Mein Kampf"

Kritische Betrachtungen zur Rechtslage der Nation und einiges mehr

MAUER GEGEN POLIZEI- UND JUSTIZWILLKÜR

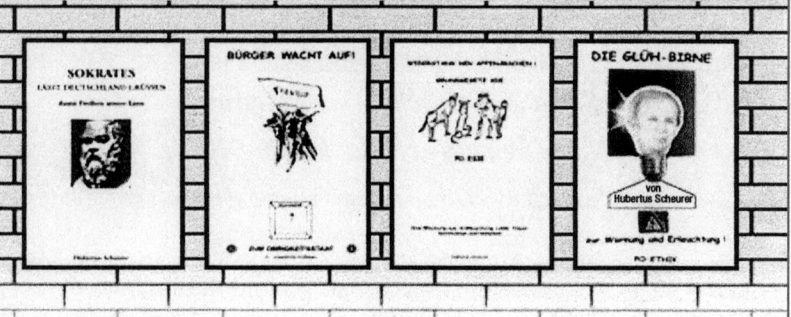

in Versform

Hubertus Scheurer

Kein Kampf!

Das erste Buch war schon gedruckt,
Der Buchvertrag besiegelt,
Da hat sich der Verlag geduckt,
Sich ängstlich eingeigelt.

»Mein Kampf«, so nannte ich das Buch,
Könnt das Bewusstsein spalten,
Bleibt nun, aus Furcht vor Hass und Fluch,
Dem Führer vorbehalten.

Die Angst vorm Führer ist noch groß,
So musste ich mich beugen,
Und wollt mit meinem Buch doch bloß
Die eigne Kraft bezeugen.

»Mein Kampf« heißt »Armes Deutschland« jetzt,
Das scheint mir auf Grund dessen,
Wie man die Rechte hier verletzt,
Durchaus als angemessen.

Die Mauer bleibt

Die Beamten wurden schlauer,
Ignorierten meine Mauer,
Hier im Brehmweg fünfunddreißig,
Ich vergrößerte sie fleißig.

Könnten doch die Staatseunuchen
Freiwillige Männer suchen,
Die sich, mutig und verwegen,
Wagen, mit mir anzulegen.

Doch die Mauer setzt ein Zeichen,
Sie ließ Menschen mich erreichen,
Die am Anblick sich erfreuten
Und vor Zuspruch sich nicht scheuten.

Das gibt Hoffnung, ich mach weiter,
Wird die Staatsmacht nicht gescheiter,
Werd ich mich, dem Recht zu Ehren,
Gegen ihre Willkür wehren.

Euer Schändlichkeit

Nun gut, wenn Euer Schändlichkeit
Sucht wiederum mit mir den Streit,
Bleibt es Euch unbenommen,
Ihr werdet ihn bekommen.

Solange ich noch atmen kann,
Steh ich auch weiter meinen Mann,
Nur zu, bewegt ihn, Euren Arsch,
So wie gewohnt, im Gleichschritt marsch!

Tritt doch mal einer aus dem Glied,
Ich glaub zwar kaum, dass dies geschieht,
Soll außer Acht es auch nicht bleiben,
Ich werd gewiss darüber schreiben.

Ein richterlicher Rächer

Wird getötet ein Verbrecher,
Freue dich nur nicht zu früh,
Weil ein richterlicher Rächer,
Sieht er das, scheut keine Müh,

Dich, denn darin ist er eigen,
Bei des Staates Anwaltschaft *
Unverzüglich anzuzeigen,
Damit Strafe tritt in Kraft.

Fehlt nur noch, dass jemand heute,
Deshalb nehmt euch bloß in Acht,
Über Hitlers Tod sich freute,
Was der Richter dann wohl macht?

---

*   Sh.: Hamburger Abendblatt vom 7.5.2011:
     »Hamburger Richter zeigt Kanzlerin an«

Zur Freude am Töten

Hierzulande gab es Orden,
Unter andrem für das Morden,
Für das Morden an der Mauer,
Nicht gedacht als Akt der Trauer,

Sondern für die Heldentaten
In einem von den deutschen Staaten;
Ja, der Staat schuf Ordensleute,
Damit Töten sie erfreute.

Wer nicht tötet, sprachen Richter,
Seinen Treueeid, den bricht er,
Und so schoss des Staates Meute
Auf die wehrlos' eignen Leute.

Die Todesprügler

Es kam so recht in Mode,
Sie prügeln ihn zu Tode,
Den Mann, am Boden hingestreckt,
Bis er dort elendig verreckt.

Danach tritt unser Recht in Kraft,
Der tote Mann hat es geschafft,
Es gilt nur noch vom Bösen
Die Täter zu erlösen.

Man könnte sie mit Prügeln
Für alle Zukunft zügeln,
Doch solcher Art Gewalten
Sind Opfern vorbehalten.

Die Täter soll'n sich wandeln
Zum positiven Handeln,
Wir müssen ihnen Wege weisen,
Damit sie nicht noch mal entgleisen.

Wenn doch, dann war marode
Natürlich die Methode,
Und dann muss jeder für sich beten,
Dass sie ihn nicht zu Tode treten.

Die Todesstrafe

Auf Geburt, da sah er rot,
Es ist keine Mär,
Steht als Strafe schon der Tod,
Sagte einst Voltaire.

Für den frühen Tod durch Mord
Gibt's die Strafe nicht,
Sonst wär'n alle Mörder fort,
Sie bekehr'n ist Pflicht.

Opfer sind ja tot derweil,
Man stirbt ohnehin,
Im Vergeben liegt das Heil,
Auch des Lebens Sinn.

Wehrt euch!

Es ist das Gebot der Stunde,
Wehrt euch gegen Schweinehunde!
Überall sind sie dabei,
Bei Gerichten, Polizei.

Drangsalieren, abkassieren,
Sich im Eigenlob verlieren,
Das ist unsre Wirklichkeit,
Bürger, habt ein wenig Schneid!

Nicht in Angst, wie Hasen, ducken,
Besser ist es, aufzumucken,
Und statt weiterhin zu schlafen,
Mit Verachtung sie zu strafen.

Flossen ab!

Nicht der Polizei verraten,
Denn die ahndet solche Taten; *
Um die Tauben zu vertreiben,
Hieß es, kreativ zu bleiben.

Ich klatsch kräftig in die Hände,
Bei dem Schall, den ich so sende,
Es ist wirklich kaum zu glauben,
Flüchten sofort alle Tauben.

Riecht die Polizei den Braten,
Wird sie wieder neu beraten,
Und vielleicht wird dann beschlossen:
Schneiden wir ihm ab die Flossen!

---

* Sh.: »Bürger, wacht auf! Zum Obrigkeitsstaat«

Nehmt euch in Acht!

Mit Deinem Schirm geh ich umher
Und denk, er wär mein Luftgewehr;
Hab ich die Polizei erkannt,
Dann wird er sofort aufgespannt.

Es folgt mein Schrei, der sie belehrt,
Nehmt euch in Acht, macht besser kehrt!
Sonst werd ich mit den Büchern werfen,
Auf diese Weise sie entnerven.

Doch nur zur Abwehr, denn das Lesen
Ist bisher nicht ihr Fall gewesen,
Sonst ginge ihre Dummheit baden,
Denn das Lesen kann ihr schaden.

Gedankenfreiheit

Die Gedanken sind frei,
Sie sind fortgeflogen,
An Gerichten vorbei
Im schwungvollen Bogen.

Sie haben die Freiheit
Im Fluge genossen,
Für Richter zu weit
Mit ihren Geschossen.

Sie landeten nun
In Büchern, Broschüren,
Lässt man sie dort ruhn,
Wohin wird das führen?

Wenn Richter sie finden,
Kann's wieder passieren,
Dass sie dort verschwinden,
Die Freiheit verlieren.

Hohles Gericht

»Hohes Gericht«
Die Anrede verdient es nicht.
Wird Wahrheitsfindung nicht zur Pflicht,
Dann halt ich es für angemessen,
Das »l« dabei nicht zu vergessen.

»Hohles Gericht«, das passt dann eher
Und kommt der Wahrheit gleich viel näher.

Nieten

In verschiednen Rechtsbereichen
Traf ich Nieten ohnegleichen,
Die mit zwei Begriffsinhalten
Ihre Wirksamkeit entfalten.

Nieten, die zusammenstecken
Und sich gegenseitig decken,
Um im Rechtsstreit zu obsiegen,
Auch wenn sie das Recht verbiegen.

Nieten, die, im Geiste mager,
Sich kreieren als Versager,
Als Vertreter von Interessen,
Wahrheit keinen Wert beimessen.

Widerstand tabu im Land

Dass bei Polizei, Gericht
Keiner eine Lanze bricht
Für den Kampf um Recht und Ehr,
Mich verwundert das nicht mehr.

Wieder mal, welch eine Schmach,
Liegt das Rechtsbewusstsein brach,
Oder ist es Feigheit nur
In der deutschen Leidkultur?

Nun, ganz gleich, wie dem auch sei,
In der Tat ist man nicht frei,
Und es scheint, der Widerstand
Liegt nur noch in meiner Hand.

Die Reimfee

Die Reimfee wurde Wirklichkeit,
Hält in Berlin sich auf zur Zeit
Und machte sich mir selbst bekannt,
Als sie dort meine Werbung fand.

Infolge der Plakataktion
War ihr Zuspruch schönster Lohn;
Um mich wirklich zu verstehn,
Da bedarf es solcher Feen,

Denn ohne sie, gilt allgemein,
Würd hoffnungslos die Lage sein;
Deshalb sei Dank den guten Feen,
Die bei uns nach dem Rechten sehn.

»We shall overcome«

We shall overcome,
Ich glaub nicht daran,
Wenn im Land die Rechtsstrategen
Wieder faule Eier legen;

Bürger mit den Achseln zucken
Und die faulen Eier schlucken,
Meinen, dass am deutschen Wesen
Könnt die ganze Welt genesen.

We shall overcome,
Braucht den ganzen Mann,
Um die Mächte, die uns schinden,
Endgültig zu überwinden.

Nur mit Sprüchen, diesen frommen,
Werden wir nicht weiterkommen;
Hält die Trägheit uns im Bann,
Gibt's kein: »We shall overcome.«

Der Ehrabschneider

Alfred K. *, der alte Knabe,
Hat die ganz besondre Gabe,
Ja, da ist er wirklich eigen,
Öffentlich sein Bild zu zeigen.

Von der Sohle bis zum Scheitel
Ist der Alfred mächtig eitel,
Und das Umfeld soll den alten
Kack für ehrenwürdig halten,

Der von edlem Geist getragen,
Würd die andern überragen;
Dabei ist er aber leider
Ein Verleumder, Ehrabschneider.

---

* Sh.: »Erlebnisse im Hotel mit König Alfred und seinem
Hanswurst«
oder
»Das große Kochbuch«

Alfred und die Schlange

Alfred K., wart nicht zu lange,
Sonst holt dich die Würgeschlange,
Wird, und dafür kann ich bürgen,
Wahrheit aus dem Hals dir würgen.

Ungemach könnt sie bereiten,
Denk dran, schon zu Adams Zeiten,
Und bei dir, es wär doch schade,
Kennt sie sicher keine Gnade.

Ich weiß, bei Gedächtnislücken
Kann sie schnell sehr fest zudrücken,
Da könnt dir im Handumdrehen,
Endgültig die Luft ausgehen.

Besser, du würd'st auf mich hören,
Der Verleumdung rasch abschwören,
Bevor diese Würgeschlange
Dich wird nehmen in die Zange.

Der heilige Schein

Alfred K., er zeigt zumeist
Eitelkeit und wenig Geist,
Den die Zeitung, ziemlich dreist,
Ihrerseits als heilig preist.

Eine Zeitung namens »Welt«,
Die sich selbst für geistvoll hält,
Über K. ein Urteil fällt,
So als wär's von ihm bestellt.

Warum nicht? So ist die Welt,
Tonangebend ist das Geld;
Damit kauft den heilgen Schein,
Sich zur Zierde, auch ein Schwein.

Rolle Klopapier

Alfred Kack bekommt von mir
Eine Rolle Klopapier,
Um sie bei Senatsempfängen
Sich um seinen Hals zu hängen.

Mit der Rolle Klopapier
Ist er einzigartig hier,
Und das BILD-Blatt schreibt: Der Kack
Ist noch immer sehr auf Zack.

Das »Elli seh«-Lied

Elli ging in Alfreds Haus
Schon seit langem ein und aus;
Alfred zeigte viel Gefühl,
Doch die Elli ließ das kühl.

Das ging unter Alfreds Haut,
Er hat Hanswurst anvertraut:
Immer wenn ich Elli seh,
Tun mir meine Eier weh.

Hanswurst aber hielt nicht dicht,
So, dass man darüber spricht,
Und inzwischen singt man schon
Folgendes, es klingt wie Hohn:

Immer, wenn ich Elli seh,
Tun mir meine Eier weh,
Elli seh, Elli seh,
Alfred tun die Eier weh.

Glied im Griff

Als Alfred von dem Lied gehört,
War er aufs Äußerste empört;
Wie konnt ich nur auf Hanswurst baun
Und ihm Intimes anvertraun.

Wenn ich jetzt unsre Elli seh,
Ich glaub, dass ich vor Scham vergeh;
Den Hanswurst, ihn mach ich zur Sau,
Er glänzte mit dem Samenklau, *

Und nun mit meinen Eiern das,
Es reicht, hier geht zu weit der Spaß;
Was Hanswurst dann zu hör'n bekam,
Verschweigen wir, es war infam,

Nur dies noch, Alfred kam zum Schluss,
Was ich dir, Hanswurst, sagen muss:
Es zeigt zu dir den Unterschied,
Ich habe stets im Griff mein Glied.

---

*   Sh.: Nächste Seite

Der Samenklau*

Hanswurst, der sich so gefällt
Als der große Frauenheld,
Pflegte selbst den Kammerfrauen
Gerne untern Rock zu schauen.

Doch so eine Kammerfrau
Ist auch manchmal ganz schön schlau.
Für Hanswurst begann der Jammer
Dann in einer Wäschekammer.

Die gewiefte Kammerfrau
Spielte nämlich Samenklau;
Wollt auf Brechen und auf Biegen
Ein Hanswürstchen von ihm kriegen.

Sie bekam das Würstchen auch,
Da stand Hanswurst auf dem Schlauch,
Konnt sich nicht daran gewöhnen,
Dass er obendrein sollt löhnen.

Selbst aus König Alfreds Sicht
Stand der Hanswurst in der Pflicht,
Wird nun, wenn auch unter Qualen,
Bis er grau wird dafür zahlen.

---

*   Aus: »Die frivolen Geschichten mit König Alfred und
seinem Hanswurst«

Grand-Kackhaus

Das Grandhotel, wenn Sie nicht pennen,
Dann sollten Sie es Kackhaus nennen,
Denn dieser Name, gibt man acht,
Wär hierfür besser angebracht.

Solange dort ein K. regiert,
Den Gast verleumdet ungeniert,
Wird, wer die Ehre hält in Ehren,
Dort ganz sicher nicht verkehren.

Grand-Kackhaus wäre unterdessen
Der Größe durchaus angemessen;
Draus folgt, dass jetzt die Hansestadt
Im Land das größte Kackhaus hat.

Recht pervers ist angesagt

Anwalt Furz und Alfred Kack,
Ein verleumderisches Pack;
Alfred tritt den Gast mit Füßen,
Adolf Nazi, er lässt grüßen.

Furz, der hat ganz ungeniert
Das Perverse integriert,
Um mit Abnormalitäten
Anstand in den Schmutz zu treten.

Und ein richterlicher Sack
Stellt sich vor den alten Kack,
Lässt, um diesen Kack zu ehren,
Furz in Niedertracht gewähren.

Recht pervers ist angesagt,
Wenn der Furz für Alfred klagt;
Recht pervers schluckt solche Kröten,
Rechtsbewusstsein ist vonnöten.

Volksverdummung

Bürger wurden richtig matt,
Warum sich verrenken,
Wenn das Volksverdummungsblatt
Übernimmt das Denken?

Überschriften riesengroß
Auf der Titelseite,
Und darunter Busen, bloß,
Geben das Geleite.

Auf den nächsten Seiten dann
Scheut man keine Mühe,
Fängt die Unterhaltung an,
Die Verbildungsbrühe.

Doch daneben gibt es auch
Manches Informelle,
Nimmt man wahr, so ist der Brauch,
Kurz mal auf die Schnelle.

An Zeitungsschreiber

Ihr schreibt, was gewollt,
Für euch zählt der Sold;
Das aufrechte Sein
Schreibt man bei euch klein.

Im Zeitungsverbund
Stößt man sich gesund
Und huldigt dem Schein,
Denn Geld macht gemein.

Ich schreib, was ich will,
Bleib keinesfalls still,
Auch wenn man mir droht
Mit Haft und Verbot.

Das kostet mich zwar
Manch Sümmchen in bar,
Doch zählt für mich mehr
Gewissen und Ehr.

Zu Guttenberg bewahr uns vor
Trittihnnesen, Gysi-tor!

Halt stand!

Tarnen, täuschen, gar nicht schwer,
Das lernt man beim Militär,
Nämlich bei der Bundeswehr,
Dient man seinem Land im Heer.

Herr zu Guttenberg war dort,
Ehrenhaft stand er im Wort,
Drückte sich wie andre nicht,
Tat getreulich seine Pflicht.

Seine Gegner haben jetzt
Zur Hatz auf ihn angesetzt,
Weil er bei dem Doktorschrieb
Quellennachweis schuldig blieb.

Woll'n entmachten einen Mann,
Der nun wirklich etwas kann
Und im Interessenzwist
Dorn in ihrem Auge ist.

Täuschen über ihren Zweck
Wieder skrupellos hinweg,
Tarnen nett sich, wie gewohnt,
Wenn es sich denn für sie lohnt.

Doch noch mal zur Doktorschrift,
Was den Weg zum Ziel betrifft;
Er baut ständig im Verlauf
Auf dem Wissen andrer auf.

Zeigt dann, ob der Doktorand
Ist gesegnet mit Verstand,
Wenn er in dem Fachgebiet
Daraus seine Schlüsse zieht.

Leider, das ist meine Sicht,
Prüft man den Charakter nicht;
Dies bekommt deshalb dem Recht
In den Rechtsbereichen schlecht.

Jeder hat es bei uns schwer,
Der Charakter hat und Ehr;
Hält zu Guttenberg jetzt stand,
Wär's zum Vorteil für das Land!

Die Trittihnnesen

Ausgerechnet Trittihnnesen,
Nie beim Militär gewesen,
Reden immer klug daher,
Geht es um die Bundeswehr.

Grüne, rote Trittihnnesen
Wollen die Leviten lesen
Einem Herrn zu Guttenberg,
Wie gehn sie dabei zu Werk?

Sie, es scheint bereits vergessen,
Zeigten sich von Marx besessen,
Greifen einen Ehrenmann
Heute ohne Anstand an.

Wollen aus dem Weg ihn räumen,
Weil sie wieder einmal träumen
Von der Macht in ihrer Hand,
Dann geht's abwärts mit dem Land.

Schaut sie an, die Trittihnnesen
Mit dem vorbildlichen Wesen;
Wer viermal ging die Ehe ein,
Kann Kanzler und Minister sein.

Niederträchtig, wie sie geifern,
Selbstgefällig sich ereifern,
Mancher, fett auch wie ein Schwein,
Meint, ein Vorbild selbst zu sein.

Der Gysi-tor

Der Gysi-tor nahm alle Hürden,
Auch jene für die Doktorwürden,
Und verdient, macht man sich schlauer,
Jetzt den Titel Dok-tor Mauer.

Diese sollt es, sein Bestreben,
Gemäß Doktorschrieb noch geben;
Die Gesinnung, sie war ehrlich,
Qualität deshalb entbehrlich.

Das jedoch wird kaum sein Denken
Heut in neue Bahnen lenken;
Fern liegt, dass er selbst sich schäme,
Er hat nur für andre Häme.

Zu Guttenbergs Professoren

Wenn Professoren heute rügen
Zu Guttenberg, der würd betrügen,
Dann müssen sie sich fragen lassen:
Was seid ihr bloß für trübe Tassen?

Es ist nun wirklich nicht zu fassen,
Und da muss der Verstand doch passen,
Dass sie der Schrift, die so daneben,
Die allerbeste Note geben.

Habt ihr sie überhaupt gelesen,
Wo ist dann euer Geist gewesen?
Statt euch jetzt mächtig aufzublasen,
Fasst besser an die eignen Nasen.

Fragt sich, was haben solche Toren
An unsren Hochschulen verloren,
Und bleiben sie als Professoren,
Ist das wohl rechtens, ungeschoren?

Der hat abgeschrieben

Ich weiß was, der hat abgeschrieben,
Zwei altbekannte Sätze,
Vom Streber, ihn konnt keiner lieben,
Man nannte ihn die Petze.

Und die ist heute akademisch,
Scheut nicht zu denunzieren,
Sucht Fehler andrer, freut sich hämisch,
Wenn sie dadurch verlieren.

Der Hochschulabschluss keine Hürde,
Das ist gewiss, den packt er,
Da zählt ja nicht des Menschen Würde
Und auch nicht sein Charakter.

Unser Kampf

Sein Kampf ist mein Kampf, ich steh ihm zur Seite,
Ehrenhaft ist es, wenn ich für ihn streite
Gegen Neider und selbstgerechte,
Lausige Paragraphenknechte.

Für zu Guttenberg, dessen Vorfahr
Im Widerstand gegen Hitler war;
Gegen die Hetzer und linken Genossen,
Die sich auf ihn haben eingeschossen.

Dank den vielen, die zu ihm stehen,
Seinen wahren Charakter sehen,
Wünschen, er bliebe dem Land erhalten,
Möge es weiterhin mitgestalten.

Spiegel, Spiegel in der Hand

Spiegel, Spiegel in der Hand
Spiegelst oft verzerrt;
Dies, bei klarer Sicht, erkannt,
Mindert deinen Wert.

Zeigst im Aug gern einen Stein,
Der dir selbst zu eigen,
Solltest, statt dem falschen Schein,
Nur die Wahrheit zeigen.

H. Fritz Hofphotograph Greiz.

Zwei Getreue

Ein Feldwebel, ein Fähnrich,
In der Haltung ähnlich;
Etwas strammer scheint er schon,
Links der Vater, als sein Sohn.

Vater steht dort kühn und brav
Vor des Hofes Photograph;
Mich knipste ein Kamerad,
Mit dem eignen Apparat,

Nach dem überwundnen Zwang
Auf dem Offizierslehrgang;
Und was kam für ihn danach?
Beide Kriege brachten Schmach.

Recht und Freiheit hier im Land,
Dafür ist mein Kampf entbrannt;
Könnt mein Vater das heut sehn,
Würd er sich im Grab umdrehn.

H. FRITZ HOF-PHOTOGRAPH GREIZ i/VOIGTL.

Aus dem neunzehnten Jahrhundert

Dies Bildchen, das heut wohl verwundert,
Stammt aus dem neunzehnten Jahrhundert;
Links sitzt mein Vater, noch ganz klein,
Daneben rechts sein Schwesterlein.

Ich kann es mit Bestimmtheit sagen,
Das Bild aus frühen Kindheitstagen
Ist letztes Zeugnis beiderseits
Aus ihrer schönen Heimat Greiz.

Es sollte nicht verloren gehen,
Und deshalb ist es hier zu sehen,
Zumal man sich gewiss daran
Auch zukünftig erfreuen kann.

Jesus und Hubertus*

Zwei Engel haben heute Nacht
Ins Jenseits mich zu Gott gebracht;
Da saß er vor mir auf dem Thron
Und sprach: Du wirst mein zweiter Sohn,

Nebst Jesus, der lebt hier im Glück,
Will auf die Erde nicht zurück;
Dafür hab ich Dich ausersehn,
So kann es dort nicht weitergehn;

Mit Mord und Totschlag, Lug und Trug,
Mir reicht's, ich habe längst genug;
Versuch Dein Bestes, hilft es nicht,
Dann halt ich ab ein Strafgericht.

Schlägt man wie Jesus Dich ans Kreuz,
Ich sage Dir, die Welt bereut's;
Du kommst zu uns, wirst auferstehn,
Auf Erden ein Inferno sehn.

---

* Aus dem Gedichtband: »Widerstand den
   Affenärschen!«

Wir sind Papst

Ihr seid Papst, ich bin Hubertus,
Also Gottes zweiter Sohn,
Auf den der Papst natürlich hör'n muss,
Will er von mir Absolution.

Drum macht euch, was ich schreib, zu eigen,
Die Sünden, ihr sollt sie bereun,
Auf diese Weise Einsicht zeigen,
So könnt ihr Gott, den Herrn, erfreun.

Auch Jesus lässt euch dringend raten,
Er schaut sich das von oben an,
Setzt meine Worte um in Taten,
Damit auch er vergeben kann.

Das Karfreitagessen

Am Karfreitag, nicht vergessen,
Geben wir für Dich ein Essen,
Und die lieben Engelein
Werden uns zu Diensten sein.

Nun, da bin ich gern gekommen,
Hab ihn in den Arm genommen,
Sprach zu Jesus: Bruderherz,
Mich verfolgt noch heut der Schmerz,

Als man Dich ans Kreuz geschlagen,
Und er wird mich ewig plagen,
Doch um unsre Erdenwelt
Ist's nicht anders heut bestellt.

Klüger sind sie nicht geworden,
Menschen hassen und sie morden;
Reiß ich mir auch aus ein Bein,
Besserung, sie tritt nicht ein.

Jesus drauf: Ich weiß, wir sehen
Auch von hieraus das Geschehen,
Wenn jetzt Mittelalter wär,
Träf es Dich besonders schwer.

Ja, man hielt Dich wohl gefangen
Hinter schweren Gitterstangen,
Das fänd ich besonders fies,
In dem Vatikanverlies.

Meinte wohl der Papst, dem kranken
Kopf entfleuchten sonst Gedanken,
Kritisierend, lästerlich,
Die würd er verbitten sich.

Deshalb sollten seine Wachen
Dich um den Kopf kürzer machen,
Und dann könnten wir das Essen
Heute in der Tat vergessen.

An Jesus

Bruder Jesus, sei gegrüßt,
Ich hab nun genug gebüßt,
Möchte endlich, fern der Erden,
Jetzt mit dir vereinigt werden.

Sprich mit Vater, schlägt er ein,
Soll es auch sein Vorteil sein;
Ich werd ihm dann, zum Behagen,
Täglich ein Gedicht vortragen.

Wiedervereinigung

Stelle man sich einmal das vor:
Eingesperrt in einem Castor,
Sitzt der Papst mit einem Pastor,
Und zwar hätten dort die beiden
Einvernehmlich zu entscheiden,
Wie die Christen, hier auf Erden,
Wieder konfessionslos werden.
Dies wird sicherlich gelingen,
Andernfalls würd man sie bringen,
Das verleiht dem Denken Schwung,
Baldigst zur Endlagerung.

Unverhüteter Verkehr

Lebenszeit, Halbwertzeit, Restlaufzeit,
Irgendwann ist es so weit,
Da gibt's keinen Meinungsstreit,
Endet Freude und das Leid,

Für den Menschen, für das Tier,
Auf der Mutter Erde hier,
Dann verflüchtigt sich der Sinn,
Niemand weiß genau wohin.

Doch die Lösung, sie muss sein,
Würd die Erde sonst zu klein,
Um die Menschen zu ernähr'n,
Sollt ihr Leben ewig währ'n.

Und seit langem ist schon klar,
Wird's zu eng, bringt das Gefahr;
Kriege und die Hungersnot
Führ'n gewaltsam dann zum Tod.

Trotzdem wird die Menschheit mehr,
Es liegt am Geschlechtsverkehr,
Wenn der zu oft unverhütet,
Wird mit Nachwuchs dann vergütet.

Der Hengstsprung

Auf die Stute sprang der Hengst,
Meinte, das war fällig längst;
Zählte langsam eins, zwei, drei,
Und schon war der Spaß vorbei.

Daraufhin verging die Zeit,
Wieder standen sie zu zweit
Auf der Weide, und er sprach
Zu ihr: Was kommt nun danach?

Es kommt schneller, als du denkst,
Sagte sie darauf zum Hengst,
Denn nach deinem kurzen Ritt
Sind wir morgen schon zu dritt.

Hubertus und das Atomkraftwerk

Was hab ich wohl, was kann es sein,
Mit dem Atomkraftwerk gemein,
Das nicht ganz dicht, mit einem Leck,
Den Mensch' versetzt in Angst und Schreck?

So mancher meint, aus seiner Sicht
Erschein ich ihm auch nicht ganz dicht;
Zumindest wäre oft ein Strahl
In meinem Wortschwall nicht normal.

Doch meine kurze Restlaufzeit
Hält größere Gefahr bereit,
Weil wegen der verbliebnen Frist
Bestrafung kaum noch wirksam ist.

Und hierin liegt, wie man gleich sieht,
Zum Kernkraftwerk der Unterschied,
Denn mit der kurzen Restlaufzeit
Verliert das seine Wirksamkeit.

Viel Vergnügen!

Jedes Jahr zum Gartenfeste
Laden sie Nachbarn als Gäste;
Mich woll'n sie dabei nicht haben,
Schau ich ihre geistgen Gaben,

Kann ich das sehr gut verstehen,
Denn ich möcht sie auch nicht sehen;
Trennen uns doch wirklich Welten,
Viel Vergnügen in den Zelten!

Regimentsführung

Er, den man den Herrn Oberst nennt,
Ist Kommandeur beim Heer,
Führt dort ein Panzerregiment
Als Teil der Bundeswehr.

Zuhause führt das Regiment
Dagegen seine Frau;
Dort sieht man, wie der Oberst rennt,
Denn sonst macht sie Radau.

Kleider machen Leute

Kleider machen Leute,
Den Spruch hört man noch heute;
Können denn die teuren Sachen
Einen Menschen schön erst machen?

Oft verdeckt der äußre Schein,
Was im Innern ist gemein;
Man sollt sich darauf besinnen,
Wahre Schönheit kommt von innen.

Ohne Kleider erscheint pur
Seine äußere Natur,
Und ein Fettwanst, gut verpackt,
Ohne Kleidung abgeschmackt.

Was die Leute in sich tragen,
Macht sie aus, so würd ich sagen;
Vorsicht bei dem äußren Schein,
Darauf fiel schon mancher rein.

Die vier Jahreszeiten

Der Herbst färbt bunt die Blätter,
Und das bei diesem Wetter;
Da pfeift der Wind so stark einher,
Mit Schwung, als ob es gar nichts wär.

Er reißt im Laube Lücken,
Dies sind des Herbstes Tücken,
Was eben noch im dichten Kleid,
Wird gänzlich nackt in kurzer Zeit.

Viel Zeit bleibt nicht, dahinter
Folgt dann sogleich der Winter,
Er bringt die Kälte, Frost und Schnee
Sowie den Wunsch nach heißem Tee.

Kein Wunder, dass den Frühling dann
Man wieder kaum erwarten kann,
Wenn frisches Grün und Blütenpracht
Aus winterlichem Schlaf erwacht.

Er kündigt uns den Sommer an,
Und darauf freut sich jedermann;
Die Wärme und die Sonne
Genießen wir mit Wonne.

Die Jahreszeiten, diese vier,
Wir haben sie stets im Visier,
So, wie sie uns begleiten
Mit ihren Eigenheiten.

Freud und Leid

Was ist schön und was ist schlecht?
Niemals wird es allen recht;
Schaun wir uns das Wetter an,
Es erfreut nicht jedermann.

Heute Morgen Wind und Regen,
Kam mir äußerst ungelegen,
Doch der Bauer hält dagegen:
Dieses Wetter ist ein Segen;

Ist im Mai es kühl und nass,
Füllt dies Scheune mir und Fass;
Was zähl'n da schon nasse Füße,
Wenn ich mit Erkältung büße?

So ist es mit vielen Dingen,
Dass sie dies und jenes bringen,
Und so bleibt es allezeit,
Des einen Freud, des andern Leid.

Cogito ergo sum

Ich habe gedacht
Und bin aufgewacht
Des Morgens um vier,
So kam ich zu mir.

Im Descartes'schen Sinn, *
Der sagt, dass ich bin,
Solange ich denk,
Ein Gottesgeschenk.

Doch ich wollt nicht sein,
So früh, ganz allein;
Es fiel mir nicht schwer,
Ich dachte nicht mehr,

Schlief gleich wieder ein,
Bei mildem Mondschein,
Ob ich dann noch war,
Ist mir nicht ganz klar.

---

* René Descartes (1596 - 1650)

So spinn ich

Ich denke und so spinn ich,
Mal heiter, mal tiefsinnig,
Aus den Gedanken echte,
Verwobne Wortgeflechte.

Fragt man sich nun: Wer bin ich?
Dann lese man sie innig,
Und ob, auch wie, ich wirklich bin,
Das sei erst mal gestellt dahin.

Oberlehrer Friedrich

Unser Oberlehrer, Friedrich,
Las Gedichte und beriet sich
Im Gehirn mit seinen Zellen:
Wie soll ich ein Urteil fällen?

Manches las ich mit Behagen,
Andres liegt mir auf dem Magen,
Wie kann ich Kritik ansetzen?
Möcht den Autor nicht verletzen.

Ich als Schreiber würde sagen,
Kritisches kann ich vertragen,
Ist mir etwas Lob beschieden,
Bin ich schon mehr als zufrieden.

Überdies ist zu bedenken,
Würd man sich darauf beschränken,
Allen alles recht zu machen,
Hieß das, geistig zu verflachen.

Hoch lebe Friedrich!

Als Friedrich das Gedicht gelesen
Von sich, ist er enttäuscht gewesen;
Es tat sein Gemüt erregen,
Und so hielt er mir entgegen:

Mit Verlaub, ich bin nicht alle!
Nun, ich denk, in diesem Falle
Ist ihm wirklich recht zu geben,
Hoch soll unser Friedrich leben!

Coitus ergo sum

Solang ich komm in den Genuss,
Meint Friedrich, von dem Coitus,
Bin ich mir sicher, dass ich bin,
Sonst macht der Vorgang keinen Sinn.

Friedrich ohne Coitus

Komm ich nicht mehr in den Genuss,
Sprach Friedrich, von dem Coitus,
Dann mache ich endgültig Schluss
Und geb mir den finalen Schuss.

Ob ich dann wirklich nicht mehr bin,
Möcht ich bejahn, bei klarem Sinn,
Doch weil der mit dem Schuss entschwindet,
Bleibt offen, wer die Antwort findet.

Position 69

Neunundsechzig bist Du schon,
Das war mal die Position,
Die in mancher Liebesnacht
Dich zum Höhepunkt gebracht.

Damit hat es ausgefunkt,
Heute liegt der Höhepunkt
In der Ruhe, in der Kraft,
Die zum nächsten Tag Dich schafft.

In die Binsen

Er konnt sich nicht gedulden,
Wollt alles gleich besitzen,
Nun sitzt er auf den Schulden,
Fängt kräftig an zu schwitzen.

Denn leer ist seine Kasse,
Er kann nicht zahl'n die Zinsen,
So geht wohl, mangels Masse,
Bald alles in die Binsen.

Kontraproduktiv

Wir hatten uns schon oft gesehn,
Und dann ist Folgendes geschehn:
Ich dachte, gib ihr als Präsent
Ein Buch, das sie bestimmt nicht kennt.

Ich hab es selbst herausgebracht,
Nahm an, dass es ihr Freude macht,
Doch leider ging die Sache schief,
War sogar kontraproduktiv.

Sie rief, verzerrte ihr Gesicht:
Ein Buch von Ihnen will ich nicht!
Das war's, es gab kein Wiedersehn,
Ich kann's noch immer nicht verstehn.

So dumm wie Du

Es stirbt das Schwein,
Es stirbt die Kuh,
Das muss so sein,
Bald stirbst auch Du.

Frag nicht warum,
Frag nicht wozu,
Ich bin so dumm,
So dumm wie Du.

Oder so klug,
So klug wie Du,
Damit genug,
Nun komm zur Ruh.

Sinnfrage

»Vernunft ist relativ zum Ziel«,
Fünf Worte, sie besagen viel,
Denn wer ein Ziel hat, sieht darin
Vergegenwärtigt einen Sinn.

Dies gilt in allen den Bereichen,
Wo man ein Ziel möchte erreichen,
Und dies bedeutet immerhin,
Dass vieles, was wir tun, macht Sinn.

Wer trägt wen?

In Bezug auf meine Beine
Stell ich heute eine Frage,
Philosophisch, wie ich meine,
Nun, was kommt dabei zutage?

Muss mein Ich die Beine tragen,
Oder tragen mich die Beine?
Ob beim Gehn, in allen Lagen,
Keine Antwort ist auch eine.

Dichtung und Wahrheit

Wahrheit und Dichtung;
Die Dichtung sucht Klarheit,
Will weisen die Richtung,
Die Richtung zur Wahrheit.

Doch es gibt auch Dichtung,
Die Wahrheit vernebelt,
Sie schlägt ein die Richtung,
Die Wahrheit aushebelt.

Nach vorn schaun

Du denkst schon wieder drüber nach;
Vergangenes Geschehen,
Bringt es Dir nur noch Ungemach,
Darfst Du nicht rückwärts sehen.

Wenn etwas nicht zu ändern ist,
Dann gilt es, abzuschließen,
Damit Du kein Gefangner bist
Von Qual'n, die Dich verdrießen.

Du hast gelernt draus allemal,
Musst nun nach vorne schauen,
Das Leben, es geht Berg und Tal,
Mit neuem Selbstvertrauen.

Kein Gedicht am Telefon

Hallo, sag ich, Dir zum Gruße,
Ein Gedicht lies nur mit Muße,
Und daraus erkennst Du schon,
Es ist nichts fürs Telefon.

Dort huscht es vorbei geschwind,
Grad so wie ein Blatt im Wind;
Deshalb nimm den Lyrikband,
Wenn Du Zeit hast, selbst zur Hand.

Such heraus Dir ein Gedicht,
Und verstehst Du etwas nicht,
Reden wir darüber dann,
Wenn es Dir passt, irgendwann.

Irgendwas tut immer weh

Inge sprach: Herrjemine,
Irgendwas tut immer weh,
Von der Kopfhaut bis zum Zeh,
Ob ich liege oder steh.

Gestern war es meine Nase,
Heute ist es meine Blase,
Ab und zu ist es der Darm,
Hin und wieder auch ein Arm.

Dann sind es die Hinterbacken
Oder auch mein steifer Nacken,
Selbstverständlich Bauch und Magen,
Es ist wirklich zum Verzagen.

Wieder hab ich kaum geruht,
Weil mein Schlüsselbein weh tut;
Knochen und Gelenke knacken,
Und ein Fuß hat seine Macken.

Wenn ich schließlich noch erwähne
Meinen Rachen und die Zähne,
Denke ich, das reicht, herrje,
Irgendwas tut immer weh.

Dieses Leben

Dieses Leben, es ist herrlich,
Ich kann mich daran erbaun,
Meinte einer, doch gefährlich,
Wenn wir einmal um uns schaun,
So ein andrer; nun mal ehrlich,
Dieses Leben ist beschwerlich,
So ein Dritter, und entbehrlich,
Das sag ich euch im Vertraun.

Leistungsdruck

Manch einer braucht von außen Druck,
Um etwas zu leisten.
Ich geb selber mir den Ruck,
Leiste so am meisten;

Weil der äußre Leistungszwang
Eher mich behindert,
Macht womöglich sogar krank
Und die Leistung mindert.

So schreib ich aus mir heraus,
Gleich, was andre denken,
Denn ich brauch nicht den Applaus,
Lass mich nicht verrenken.

Ruhm

Leute! Anerkennung, Ruhm
Brauch ich jetzt nicht noch posthum;
Würd man jetzt schon von mir hören,
Könnt das meine Ruhe stören.

Ruhe als ein Wert an sich,
Sie bedeutet mehr für mich
Als das Bad in einer Menge
Und die schönsten Lobgesänge.

Auch der Nachruhm wäre nicht
Wesentlich aus meiner Sicht;
Schau mit Jesus und Gottvater
Ich hinab aufs Welttheater,

Zählt es nicht, ob man uns preist,
Sondern, dass man uns beweist
Durch die Taten allerorten,
Dass man dort folgt unsren Worten.

Kein gutes Gedicht

Ein gutes Gedicht, das gibt es nicht;
Wenn so ein großer Dichter spricht,
Hat er, als Mann von Geist bekannt,
Im Urteil sich gewiss verrannt.

Es zeigt, dass Lenau * offenbar,
Zu dieser Zeit, untröstlich war;
Wenn es uns aus dem Herzen spricht,
Ein tief empfundenes Gedicht,
Dann ist es gut, aus meiner Sicht.

Das wahre Wesen

Lügenhaft sei unser Wesen, **
Ich verneine solche Thesen;
Der Geist wär eingehüllt in Lügen,
Dem kann ich gleichfalls mich nicht fügen;

Mein Wesen strebt zur Wahrheit hin,
Nur daraus lässt sich schöpfen Sinn;
Ganz sicher gilt das nicht für jeden,
Darüber lohnt es nicht zu reden.

---

*   Nikolaus Lenau (1802 - 1850)
** Arthur Schopenhauer (1788 - 1860)

Geldgier

Sein Wille zum Wert,
Der hat sich verkehrt
Und fiel ohne Maß
Der Geldgier zum Fraß.

Es war nie genug,
Mit Lug und mit Trug
Hat er abgesahnt,
Den Weg sich gebahnt

Zum Wertpapierglück,
Doch dann ging's zurück;
Was er hat begehrt,
War jetzt nichts mehr wert.

Der Wille zur Macht
Hat nichts eingebracht,
Er hat ihn entehrt
Zum Mann ohne Wert.

Höhere Diäten

Sie machen noch mehr Miese,
Trotz unsrer Schuldenkrise,
Woll'n höhere Diäten,
Weil sie das Volk vertreten.

Auf solche Weise rauben
Sie ihm den guten Glauben.
Zeit wär's, sie zu belehren
Mit diesem Volksbegehren:

Wir werden weitere Schulden
In Zukunft nicht mehr dulden,
Statt höherer Diäten
Euch in den Hintern treten!

Verleumdung

Seit zwanzig Jahren spiel ich dort
Tennis, stets am selben Ort,
Um den, mittlerweile alten,
Körper noch in Schwung zu halten.

Wenn dann auf den Nebenplätzen
Kinder hin zu Bällen wetzen,
Kann ich mich daran erbaun,
Ihnen kurz mal zuzuschaun.

Und zum Dank für dies Erleben
Hab ich ihnen Geld gegeben,
Für ein Eis, wollt sie erfreun,
Doch ich sollte es bereun.

Es hieß, ich könnt mit den Gaben
Böses hier im Sinne haben,
Brächte so die Kinder gar
In erhebliche Gefahr.

Der Verleumdung preisgegeben,
Bringen Schande in mein Leben
Leute, deren Niedertracht
Sie zu Ehrabwürgern macht.

Herr Unflat

Bevor hier am Platz Herr Unflat
Mich verdächtigt einer Untat,
Sollt er, statt sich zu empören,
Tunlichst erst mal mich anhören.

Bleibt er jedoch so unflätig
Mich verleumdend weiter tätig,
Wird im weiteren Geschehen
Ihm das Lachen noch vergehen.

Verführer

Die Worte der Verführer sind,
Dass wer nicht wagt, auch nicht gewinnt,
Beim Glücksspiel, in der Lotterie,
Doch leider sagt man hierzu nie,

Dass wer nicht spielt, auch nicht verliert
Und somit wird nicht angeschmiert;
Der Staat sagt nicht, was Sache sei,
Warum wohl? Er verdient dabei.

Am Kinderhort

Am Kinderhort komm ich vorbei,
Der Blick zum Spielplatz, er ist frei,
Und um den Kindern zuzusehen,
Bleib ich am Straßenrand jetzt stehen.

Für wenige Minuten bloß,
Es lohnt sich, denn hier ist was los;
Wie sie dort schaukeln und sich jagen,
Mitunter Purzelbäume schlagen;

Auf ihrem Kopf ein kleiner Hut,
Ein Mützchen, das steht ihnen gut;
Wie sie begeistert sind und lachen,
Mir damit eine Freude machen.

Setz ich dann fort den Morgengang,
Bewegt von ihrem Spiel noch lang,
Hoff, dass ich sie werd wiedersehen
Beim nächsten morgendlichen Gehen.

Liebe schenken

Für Dich wollt ich auf Erden
Noch mal geboren werden,
Für ein paar schöne Jahre,
Bis ich von hinnen fahre.

Gemessen an der Ewigkeit
Gibt's keine lange Lebenszeit;
Sie ist, so will es das Geschick,
Nicht mehr als nur ein Augenblick.

Das sollte man bedenken,
Einander Liebe schenken;
Sie öffnet Herzen, sie befreit,
Hilft uns auch in der schwersten Zeit.

Zeit und Ewigkeit

Was sind schon hundert Jahre Zeit
In Relation zur Ewigkeit?
Kaum messbar mehr, als wenn man jetzt
Nur einen Tag dafür einsetzt.

Ein schöner Tag, für sich allein,
Kann überaus beglückend sein;
Ihn sollten wir einander schenken,
Nicht immer nur in Jahren denken.

Dein Leid

Ich fühl Dein Leid, bin tief berührt,
Würd es gern mit Dir tragen.
Den Grund, was Dich dahin geführt,
Du musst ihn mir schon sagen.

Ich finde sicher einen Weg,
Der Dich befreit vom Leiden,
Wenn meinen Arm ich um Dich leg,
Dann hilft das gleich uns beiden.

Für Janne

Aus Norwegen die Janne,
Sie kam mit ihrem Manne,
Bei Freunden zum Geburtstagsfeste,
Und dies verlief für mich auf's Beste.

Drei Kinder hatten sie dabei;
Mädchen, der allerliebsten zwei,
Mit einem kleinen Jungen,
Genauso gut gelungen.

In Janne konnt ich lesen
Ihr wundervolles Wesen;
Sie hörte von mir ein Gedicht,
Es sprach aus ihrem Angesicht,
Mitfühlend, das vergess ich nicht.

Danke, Hildur!

Hrafnhildur heißt die Kleine,
Blonde Haare, schlanke Beine,
Sie ist so hübsch anzusehn,
Da bleibt man schon gern mal stehn.

Sigurdardottir, ihr Name,
So genannt als Frau und Dame;
Sigurs Tochter heißt das jetzt,
In das Deutsche übersetzt.

Sicher fremd für unsre Ohren,
Sie, in Island einst geboren,
Kam nach Deutschland, lebt nun hier,
Dafür möcht ich danken ihr.

Anmerkung: Hildur ist Mitarbeiterin im MeridianSpa in
HH-Eppendorf.

Verschiedenes in Kurzfassung

Keine Kinder

Wer Kinder liebt, so sagte er, *
Der sollte keine kriegen,
Das Leben wäre viel zu schwer,
Das Leid würd überwiegen.

Kein Stich

Vögelt einer wild,
Ist er groß im Bild;
War er aber vorbildlich,
Dann bekommt er keinen Stich.

Ein wirres Geflecht

Gehirn und Geschlecht,
Ein wirres Geflecht,
Und wer dort treibt wen,
Ist schwer zu verstehn.

---

*   Thales von Milet

Dreist

Es war schon dreist,
Beschränkt im Geist
Wollt er den Ton angeben,
Sich über andere erheben,
Und gründlich ging's daneben.

Vergiss es

Lass es gut sein und vergiss es,
Eben weil es das nicht war,
Sonst verbleibt es als gewisses
Unbehagen immerdar.

Gut zu wissen

Im Rechnungschreiben sind sie groß,
Da sind sie sehr beflissen,
Sonst ist mit ihnen nicht viel los,
Gut ist es, das zu wissen.

Beratungsresistent

Er kritisiert mich vehement,
Ich sei beratungsresistent;
Nur gut für mich, denn er verkennt,
Inzwischen rieche ich den Braten,
Ich wurde zu oft schlecht beraten.

»Selbstmitleid«

»Es ist doch nur Selbstmitleid«,
Welche Überheblichkeit!
Niemand fühlt des andern Leid,
Wer kein Mitgefühl kann zeigen,
Sollte daher besser schweigen.

Erkenntnis

Gott sei Dank, sprach Schopenhauer,
Ist das Leben nicht von Dauer,
Denn der Mensch wird wirklich schlauer
Erst, wenn er durchdringt die Mauer
Hin zum Jenseits, ohne Zeit,
Bis in alle Ewigkeit.

Krass

Heute dies und morgen das,
Übermorgen irgendwas,
So ein Leben ist schon krass,
Ohne Freude, ohne Spaß.

Tu was!

Du musst was tun,
Darfst nicht mehr ruhn;
Wenn Du nur ruhst
Und nichts mehr tust,
Vergeht die Lust,
Es kommt der Frust,
Der Schmerz nimmt zu
Und weg bist Du.

Mit dem Esel

Ich hab keine Lust zum Laufen,
Werd mir einen Esel kaufen,
Der mich, wenn ich will, fortan
Durch die Gegend tragen kann.

Mein Teddybär

Mein lieber kleiner Teddybär,
Der hat es leicht, ich hab es schwer;
Da wünsch ich mir schon mal, ich wär
Gemacht aus solchem Stoff wie er.

Was ich tue ?

Du willst wissen, was ich tue;
Ich zieh an mir meine Schuhe,
Ich zieh aus mir meine Schuhe,
Und dann leg ich mich zur Ruhe.

Schwund

Schwund bei Muskeln, grauen Zellen
Könnt ihn vor Probleme stellen,
Die er, aufgrund dessen dann,
Nicht mehr selber lösen kann.

Ein Kreuz

Es ist ein Kreuz, sehr alt zu werden,
Denn ständig wachsen die Beschwerden;
Stell'n Sie sich vor, so eine Scheiße,
Ich weiß schon nicht mehr, wie ich heiße.

Wach nicht mehr auf

Ich wachte auf,
War nicht gut drauf
Und dachte mir: Schlaf einfach weiter,
Wach nicht mehr auf, das wär gescheiter.

Zur finalen Pflege

Nun bin ich auf dem Wege
Zu der finalen Pflege,
Es fehlt nur noch die Pflegerin,
Dann leg ich mich endgültig hin.

Beruhigend

Beruhigend zu wissen,
Kein Mensch wird mich vermissen,
Wenn ich von meiner Bahre
In Richtung Jenseits fahre.

Nicht zu ändern

Dem, was nicht mehr zu ändern ist,
Weine nicht hinterher;
Am besten, wenn Du es vergisst,
Machst es Dir sonst nur schwer.

Ein frommer Wunsch

Ein frommer Wunsch, sehr alt zu werden
Bei ständig wachsenden Beschwerden,
Wenn doch der Himmel lädt uns ein
Zum beschwerdefreien Sein.

Der Hosenträger

Mehr hab ich heute nicht zu sagen:
Ich werde, wie an allen Tagen,
Beim Rundgang meine Hosen tragen
Und wieder nach dem Sinn mich fragen.

Zum Thema

Würden sich doch die Gedanken
Endlich um ein Thema ranken;
Wie sie sich auch drehn und winden,
Heute können sie keins finden.

Lass los!

Es klingt so einfach: Was weg ist, ist weg,
Sich lange drum grämen, es hat keinen Zweck,
Denn sich daran klammern, verschlimmert es bloß,
Was weg ist, ist weg, vergiss es, lass los!

Inbesitznahme

Besitz macht Dich mit Fug und Recht,
Wenn Du dran hängst, zu seinem Knecht;
Was Du nicht hast, sollst Dich nicht grämen,
Kann Dir zumindest keiner nehmen.

Die Lebensbahn

Bedenk ich meine Lebensbahn,
Was hat mir gut, was schlecht getan,
Im kleinen und im größren Wahn,
Die Zeit, sie zieht Dir jeden Zahn.

Ein Glück

Es fehlte noch ein ganzes Stück
Auf dem Weg mit ihr zum Glück;
So kam er zu sich selbst zurück,
In diesem Fall war das ein Glück.

Unrechtsdiktatur

Wenn man in den Rechtsgebieten
Nicht beginnt, sie zu entnieten,
Dann verbleibt am Ende nur
Eine Unrechtsdiktatur.

We shall overcome

We shall overcome,
Sprach das Schaf zum Lamm;
Sind die Menschen auch missraten,
Glaub mir, Dich wird keiner braten;
Flüchtete mit ihrem Lamm
Und rief: »We shall overcome!«

Wehret den Anfängen!

Dem Unrecht abschwören,
Den Anfängen wehren,
Dem Recht zu Ehren;
Nach meinem Ermessen,
Ist das schon vergessen.

Alt werden

Heute dies und morgen das,
Übermorgen irgendwas;
Die meisten woll'n alt werden,
Trotz wachsender Beschwerden.

Jung bleiben

Alt werden und jung bleiben,
Bei Freude, Sport und Spiel,
Man darf's nicht übertreiben,
Sonst kommt man nicht ans Ziel.

Gut so

Schreiben Sie nur, was Sie meinen,
Interessiert das sonst auch keinen,
Sind Sie mit sich selbst im Reinen,
Ist es gut so, will mir scheinen.

Leserschwund

Würd es so sein, dass beim Schreiben
Fehler gänzlich unterbleiben,
Könnt die Zahl der Leser schwinden,
Die drauf aus sind, sie zu finden.

Mein Soll

An manchem Tag, das greift nun Platz,
Schreib ich gerad mal einen Satz;
Dennoch hab ich erfüllt mein Soll,
Erscheint er mir bedeutungsvoll,
Denn er bedeutet mir dann mehr
Als zehn, sind sie bedeutungsleer.

Licht und Schatten

Es werde Licht, es werde Licht,
Dacht er oftmals, jedoch nicht,
Wenn es mir das Herz zerbricht;
Dann bleib lieber ich im Schatten,
Alles bleibt so, wie wir's hatten.

Relativiert

Die Sache schien ihm krumm und schief,
Auf den ersten Blick besehn;
In Anbetracht, was sonst noch lief,
konnt er sie dann bedingt verstehn.

Auf dem Magen

Du solltest es mir sagen,
Liegt Dir was auf dem Magen;
Es schadet Dir, ist ungesund,
Und wir beseitigen den Grund.

Zuverlässigkeit

Verlässlichkeit ist mir zu eigen,
Sie war Bestandteil meines Lebens,
Soll'n andere sie mir heut zeigen,
So wart ich darauf oft vergebens.

Nachlässig

Darin ist er zuverlässig,
Und ich mein das nicht gehässig,
Dass er in der Regel sein
Zugesagtes hält nicht ein.

Das achte Weltwunder

Der Willy bekam Zunder,
Und da geschah ein Wunder;
In dieser Welt das achte,
Das er allein vollbrachte.

Trotz Schneegestöber, strengem Frost,
Kam erstmals pünktlich seine Post,
Und niemand hat sich vorgestellt,
Dass Willy in der Wunderwelt
Einmal den achten Platz erhält.

Sinnfrage

Du fragst nach dem Sinn im Leben,
Und kannst ihn in allen Lagen,
Auch wenn Zweifel an Dir nagen,
Immer nur Dir selbst ihn geben.

Erst denken

Erst macht er was, fragt dann warum,
Gescheiter wär es andersrum,
Denn manches würde nicht gemacht,
Hätt man erst einmal nachgedacht.

Schnell handeln

Ist im Anmarsch die Gefahr,
Hilft kein langes Überlegen,
Dann muss man sich schnell bewegen,
Ich denk, das wird jedem klar.

Weniger wär mehr

Ich seh ein, es war nicht viel
Heute im Gedankenspiel;
Doch dann dachte ich daran,
Was ein kluger Kopf ersann;
Er las ein Buch, sein Kommentar:
Weniger wär mehr, fürwahr!

Grundgedanke

Es war nicht viel, doch immerhin,
Was ich gedacht, ein Zugewinn,
Wenn es den Grundstein hat gelegt
Für Weiteres, das mich bewegt.

Rotsehen

Bevor ich mit Ihnen streite,
Suchen besser Sie das Weite;
Kommen Sie in meine Nähe,
Glaub ich, dass ich rot gleich sehe.

Mein Motto

Fährt mir einer an den Wagen,
Heißt mein Motto: Nicht verzagen!
Notfalls pack ich ihn am Kragen
Und werd ihn zum Teufel jagen.

Der Infragesteller

Wer hier sehr viel in Frage stellt,
Ist nicht gefragt in dieser Welt,
Und so bringt der Infragesteller
Es kaum zu einem Buch-Bestseller.

Zum Meister

Übung macht den Meister,
Ich denke, das beweist er,
König Alfreds Kontrahent,
Der Schändliches beim Namen nennt.

Leine ziehn

Er sollte ihr unter die Arme greifen
Und fasste ihr zwischen die Beine,
Da schrie sie: »Darauf kann ich pfeifen,
Ziehn Sie gefälligst Leine!«

Im Saustall

Wie im Saustall ist das Leben
Von der Unmoral umgeben,
Dieser Machtinstitutionen,
Die, genährt durch unser Streben,
Uns mit Tritten dann belohnen.

Zufall

Der Zufall hat, mit seiner Macht,
Gutes und Böses uns gebracht;
Ihn wegsperrn kommt nicht in Betracht,
Weil er darüber doch nur lacht.

Totalschaden

Er kam aus der Geraden,
Konnt leider die Kurve nicht kriegen.
Da sah man ihn aus dieser fliegen,
Und total war der Schaden.

Gefahr

Wer sich begibt in die Gefahr,
Kommt darin um, heißt es; wohl wahr!
Man geh ihr besser aus dem Weg,
Das gibt für Klugheit den Beleg.

Zeit und Raum

Er wollte für sich Zeit und Raum
Und fuhr hinaus in die Natur,
Beim Rückweg gegen einen Baum,
Ins Krankenhaus und dann zur Kur.

Die Kurve kriegen

Wie dumm, er ließ sich darauf ein,
Und machte sich dadurch gemein,
Doch dann hat die Vernunft gesiegt,
Er hat die Kurve noch gekriegt.

Freier Lauf zum Glück

Wenn das Wasser, wie verrückt,
Dich in deiner Blase drückt,
Gibt's nichts, was Dich mehr beglückt,
Als dem starken Strahl, dem nassen,
Seinen freien Lauf zu lassen.

Mein Gehirn

Hinter meiner Stirn, da sitzt
Mein Gehirn, das ist gewitzt;
Es sagt: Kann ich Dich nicht lenken,
Werd ich mir das Denken schenken.

Keine Entbindung

Mein Gehirn hielt die Gedanken
Heute fest in seinen Schranken;
Mocht ich mich auch drehn und winden,
Keinen konnte ich entbinden.

Da hilft sicher auch kein Tritt,
Oder gar ein Kaiserschnitt;
Soll es richten die Natur,
Ungeduld, die schadet nur.

Denkleere

Ich denk dahin, ich dacht daher,
Was kam heraus, was bringt es mehr?
Nur Einsicht, gleicher Wiederkehr,
Und dass der Kopf wird dadurch leer.

Zurückgezogen

Er hat sich zurückgezogen,
Lebt in seiner Welt,
Wird von außen nicht verbogen,
Wie es ihm gefällt.

Zur Erleichterung

Um weitere Unbill abzuwehren,
Sprach er: Ich werde mich beschweren;
Verkehrt, der Grund, weshalb er grollte,
War, dass er sich erleichtern wollte.

Die Taube

Sie besucht mich jeden Tag
Und frisst mir aus der Hand;
Die Taube fühlt, dass ich sie mag,
Wie schön, dass sie mich fand.

Füttern und Maul stopfen

Eine Taube fütterst Du,
Mensch, das ist doch ein Vergehn.
Du kommst gar nicht mehr zur Ruh,
Wenn das Staatsanwälte sehn.

Nun, das lässt mich ziemlich kalt,
Bin beim Schreiben ja nicht faul,
Stopfe dann der Staatsgewalt
Damit wieder mal das Maul.

Die Taubenwache

Wenn den Mittagsschlaf ich mache,
Hält jetzt meine Taube Wache;
Sie sagt, dass sie mich beschütze,
Kommt die Polizei vorbei,
Lässt sie aus dem Hintern frei
Eine volle Ladung Brei
Auf die Uniform und Mütze.

Ohne Falsch

Ohne Falsch ist sie, die Taube,
Sagt Matthäus, * und ich glaube,
Wenn Richter wie die Tauben wären,
Dann käm das Recht zu seinen Ehren.

---

* Kapitel 10, Vers 16

Außen vor innen

Beim Mensch', da zählt, so ist das halt,
Zuerst die äußere Gestalt,
Weit vor der innerlichen Haltung,
Mit noch so schöner Ausgestaltung.

So läuft das

So läuft das in der Welt,
Nicht abgeholt, obwohl bestellt,
Und wenn der Groschen fällt,
Ist oft schon weg das Geld.

Glücksgefühl

Er liebte ihn aus tiefstem Grund,
Das fiel auf ihn zurück;
Es war sein kleiner treuer Hund,
Und beide fühlten Glück.

Gegensätze ziehn sich an

Er hatte ein dickes Fell,
Wurde ihr bewusst sehr schnell;
Sie war dünnhäutig und zart,
Fand er wiederum apart;
Gegensätze ziehn sich an,
Und so wurde er ihr Mann.

Gekauftes Glück

Gekauftes Glück? Nein, vielen Dank,
Das hängt bei mir im Kleiderschrank
Und darbt dort vor sich hin,
Seitdem ich einsam bin.

Wenig wird viel

Vor dem Nichts wird wenig viel,
Sollten wir bedenken,
Unsrem Nächsten, schön als Ziel,
Ein wenig Liebe schenken.

Nähe

Gingest Du hier mit mir mit,
Neben mir im gleichen Schritt,
Wär dies kein Beweis für Nähe,
Die ich immer dann erst sehe,
Wenn sich die Gedanken finden,
Miteinander sich verbinden.

Ganz nahe

Wenn ich hier alleine gehe,
Liebste, spür ich Deine Nähe;
Wie das kommt? Welch eine Frage!
Weil ich Dich im Herzen trage.

Du fehlst

Die Sonne scheint,
Mit Dir vereint,
Könnt ich den Tag genießen,
Du fehlst, die Tränen fließen.

Die Frage

Wer geht als Nächster, ist die Frage,
Die ich mir stelle alle Tage;
Der Kreis Verbliebner wurde klein,
Und jeder kann der Nächste sein.

Sein oder Nichtsein, ohne Frage,
Ein jeder kommt in diese Lage;
Da hilft kein Jammern, keine Klage,
Allein der Zeitpunkt, er ist vage.

Die Nächste

Nun, die Nächste war die Hilde,
Offenherzig, immer milde;
Hat zuletzt nur noch gedöst,
Bis sie wurd' vom Tod erlöst.

Immer war es ihr Bestreben,
Der Familie viel zu geben,
Stand zudem noch in der Pflicht,
Nahm sie an, verzagte nicht.

Schicksalsschläge, schwerste Stunden
Hat sie tapfer überwunden
Und verdient, ein Engelein,
Bei den andern jetzt zu sein.

Unsere Inge

Hildes Schwester, unsre Inge,
Musst nach schwerem Leiden,
Immer war sie guter Dinge,
Nun auch von uns scheiden.

Inge wird uns allen fehlen,
Lasst uns daran denken,
Braucht sich länger nicht zu quälen,
Das sollt Trost uns schenken.

Da wir sie im Herzen tragen,
Wird zu allen Zeiten
Sie uns, müssen wir uns sagen,
Weiterhin begleiten.

Nur eine Auszeit

Für unsre Inge, das Gedicht,
Mein letztes, das ich hab geschrieben,
Vor Wochen, weiter kam ich nicht,
Die Einfälle sind ausgeblieben.

Im Zuge der Vergänglichkeit
Sind sie mit ihr ins Grab gefahren;
Dort endet alles mit der Zeit,
So kann ich mir die Worte sparen,

Dacht ich, doch Inge hätt' gesagt:
Du kannst zwar eine Auszeit nehmen,
Dann schreibst Du weiter unverzagt,
Denn Du sollst Dich nicht länger grämen.

Einsamkeit

Die Einsamkeit im Ich
Trägt einen Sinn in sich;
Man muss sich nicht beschränken
In seinem Tun und Denken,

Kann sich hinein versenken,
Die Schritte selber lenken,
Wenn ganz allein der eigne Geist
Das Ziel angibt, die Richtung weist.

Die Einsamkeit, sie bringt Gewinn,
Zumindest doch in diesem Sinn;
Das sollte man bedenken,
Den Missmut von ihr lenken.

Mein Selbst

In mir, tief eingebunden,
Hab ich mein Selbst gefunden;
Was einst mich zog nach außen hin,
Macht heute für mich keinen Sinn.

Die weltlichen Genüsse,
Fast alle hohle Nüsse;
Bei Menschen lohnt es meistens nicht,
Wenn man mit ihnen lange spricht.

So werd ich mich beschränken
Auf mich und selber denken,
Geleitet von erhabnem Geist,
Der sich als hilfreich mir erweist.

Niemand

Niemand steht mir noch zur Seite,
Und ich rechne ihm hoch an,
Dass trotz ständigem Geleite,
Er mich nicht enttäuschen kann.

Das ist es, was uns verbindet,
Ihm darf ich mich anvertraun,
Ohne Furcht, dass er verschwindet,
Mit ihm in die Zukunft schaun.

Niemand wird, das stimmt mich heiter,
Bald an meinem Grabe stehn,
Alles geht dann für ihn weiter,
So als wäre nichts geschehn.

Selbstgespräche

Wieder zieh ich durch die Gegend,
Mühsam, wankend mich bewegend,
Rede mit mir, bild mir ein,
Ich ging nun nicht mehr allein.

Gut, wenn ich mich unterhalte,
Ein Gespräch mit mir entfalte;
Frag mich etwas, wart geduldig,
Bleib mir keine Antwort schuldig,

Und ich denke, so gesehen,
Kann es mit uns weitergehen;
Schwankend ziehn wir durch die Welt,
Solang der Gesprächsstoff hält.

Ich muss denken

Meine innre Stimme sprach
Beim Spazierengehen:
Denk nicht immer so viel nach,
Musst die Schönheit sehen

Der Natur um Dich herum,
Das wird Dich erheben,
Doch ich sagte: Nur zu dumm,
Denken wurd mein Leben.

Spaziergang bei Kälte

In der frühen Morgenstunde
Ging ich wieder meine Runde,
Und bereits auf halbem Wege
Wurd die innre Stimme träge,

Sprach: An diesem Tag, dem kalten,
Möcht ich mich nicht unterhalten;
Darauf wurd es immer leiser,
Offenbar war sie jetzt heiser.

Nur noch eine Krankenschwester

Als der morgendliche Gang
Schien mir heut beschwerlich, lang,
Dacht ich an vergangne Zeiten,
Leichten Fußes würd ich schreiten,
Wenn mich hübsche Fraun begleiten.

Kaum gedacht, vernahm ich schon
Meiner innren Stimme Ton;
Sie sprach: Alter wird zur Fron,
Alles, was Du brauchst, mein Bester,
Das ist eine Krankenschwester.

Morgenspaziergang

Wie gewohnt geh ich hier wieder,
Links und rechts, da blüht der Flieder,
Vögel zwitschern, singen Lieder,
Doch die Trübsal drückt mich nieder.

Jetzt kann ich mein Haus schon sehen,
Muss ein kleines Stück noch gehen,
Um geborgen, wie im Hafen,
Dort noch mal kurz einzuschlafen.

Das Leben

Von einer Freud zur nächsten Freud,
So ging's durchs Leben, liebe Leut;
Zeiträume, die dazwischen lagen,
Konnt man aus diesem Grund ertragen.

Ist es zu Ende mit der Freud,
Dann wird es dunkel, liebe Leut;
Im steten Unbehagen
Bedrängen einen Fragen.

Was soll es noch, wo liegt der Sinn?
Am besten man wirft alles hin;
Da hilft dann weder Sigmund Freud
Noch sonst ein kluger Therapeut;
So ist das Leben, liebe Leut!

Zurück in die Vergangenheit

Die längst vergangnen Zeiten,
Mit manchem schönen Augenblick,
Will ich sie heut durchschreiten,
Dann rufe ich sie mir zurück.

Muss nur die Augen schließen,
Fühl ins Gefühl von einst mich ein,
Gedankenbilder sprießen,
Lassen ihr Mittelpunkt mich sein.

So kann ich mir bewahren,
Ging auch die Zeit darüber hin,
Was in verflossnen Jahren
Gab Freude und dem Leben Sinn.

Nacherlebte Zeit

Siebzig Jahre Lebenszeit
Scheint als eine Ewigkeit,
Die wie endlos vor uns liegt,
Aber dann so schnell verfliegt,

Rückblickend im Nachhinein,
Schmilzt in der Erinnrung ein,
Taucht in einem Tagverlauf
Vor dem geist'gen Auge auf,

Uns das Wichtige nur zeigt,
Was bedeutungslos, verschweigt;
So wird aus der Ewigkeit
Ein Tag nacherlebte Zeit.

Nacht

Geschlafen, gewacht,
Geträumt und gedacht,
So ging's durch die Nacht,
Was hat sie gebracht?

Den weiteren Tag
Vergeblicher Plag,
Beginn ohne Sinn
Zur nächsten Nacht hin.

Abschied

Dem Schein nach vergreist,
Noch rege im Geist,
Bereitet der Weise
Sich vor auf die Reise;

Die Letzte, das Ziel,
Nach dem Zwischenspiel,
Auf Erden den Plagen
Für immer entsagen;

Zur ewigen Ruh,
Er geht darauf zu,
Um lächelnd dem Leben
Den Abschied zu geben.

Liebeszauber

Ihres Lächelns Zauber war
Milde, sonnenhaft,
Strahlte Wärme, wunderbar,
Innerlicher Kraft.

Ihrer Träne Zauberglanz
Ist mit diesem Lächeln wie
Ein verewigtlichter Kranz
Zarter Liebesharmonie.

Nur drei Worte

Nun sitz ich hier und denk daran,
Was ich Dir nicht mehr sagen kann;
Doch eigentlich ja auch nicht mehr,
Gedanken steter Wiederkehr,
Die uns verbinden ewiglich,
Drei Worte nur: Ich liebe Dich.

Ein Ständchen

Ach könnte ich doch singen,
Dann würde ich Dir heut
Ein kleines Ständchen bringen,
Wie hätt Dich das erfreut!

Nun werd ich im Gedenken,
Du mochtest sie so gern,
Dir rote Rosen schenken,
Geliebter Augenstern.

Drei Gemälde

Drei Gemälde kann ich sehn
Zuhause an der Wand,
So als ob wir beide gehn
Darin Hand in Hand.

Auf dem langgestreckten Pfad,
Links und rechts die Heide,
Leicht bewölkt, bei zwanzig Grad,
Eine Augenweide.

Unser Waldbild zeigt mir das:
Pilze woll'n wir suchen,
Gut versteckt, in Laub und Gras,
Unter Birken, Buchen.

Barfuß, wieder Hand in Hand,
Durch den Sand, den hellen,
Gehen wir am Nordseestrand,
Schaun die hohen Wellen.

Die Gemälde an der Wand
Können viel erzählen,
Mich zieht nichts hinaus ins Land,
Du würdst mir so fehlen.

Bildhafte Erinnerung

Vier Pferde, drei Hühner mit Hahn und ein Schwein,
Ein Landschaftsgemälde kann schöner nicht sein.
Wir haben es auf dem Kunstmarkt gesehn,
Es wollte Dir aus dem Kopf nicht mehr gehn.

Kaum war'n wir zu Haus, da musst ich zurück,
Erwarb es für Dich, das Liebhaberstück;
Es hängt an der Wand, ich schaue gern hin,
Sogleich kommt mir dieser Tag in den Sinn.

Und Deine Freude wird mir offenbar,
Die mit dem Gemälde verbunden war;
Sie sprengt seinen Rahmen, bringt mir zurück
Erinnerung an gemeinsames Glück.

Es geht weiter

Ein neuer Tag, ein neues Glück?
Nein, ich denk an die Zeit zurück,
Als wir einst glücklich waren,
In den verflossnen Jahren.

Und es befällt mich Traurigkeit,
Du bist so fern, unendlich weit,
Doch in Gedanken mir so nah,
In meinem Herzen immer da.

Ein neuer Tag, ein Wegesstück
Zum Jenseits hin leg ich zurück;
Ich komm Dir näher, es geht weiter,
Mit einer Träne als Begleiter.

Für immer bei Dir

Solang ich leb, lebst Du in mir,
Danach, mein Schatz, komm ich zu Dir,
Schließ Dich in meine Arme ein
Und werd für immer bei Dir sein.

Schlaf Bürger schlaf

Dies Buch lies nicht, sei brav !

Lesen regt das Denken an,
Drum entzieh dich seinem Bann,
Sonst geht noch die Dummheit baden,
Denn das Lesen kann ihr schaden.

150 aktuelle Themen in Versform zum Mitdenken

Leseprobe:

Kinderopfer für das Recht

Stell dir vor, dein Kind müßt leiden
Qualvoll in Verbrecherhand,
Und der Rechtsstaat würd entscheiden,
Hier bei uns im deutschen Land,

Dass die Täter wär'n zu schonen,
Sei es, dass dein Kind drum stirbt,
Weil wir in dem Rechtsstaat wohnen,
Sonst die Rechtskultur verdirbt.

Würdest du das wohl verstehen ?
Kinderopfer für das Recht.
Ist der Rechtsstaat so zu sehen,
Wird mir übel, wird mir schlecht.

Die sich mutig widersetzen,
Um zu retten hier das Kind,
Können niemals Recht verletzen,
Weil bei Gott im Recht sie sind.

Das Buch ist in jeder Buchhandlung erhältlich.
ISBN 978-3-8423-0466-6   Preis 12,00 Euro
Informationen über: www.hubertus-scheurer.de

Erlebnisse im Hotel mit König Alfred und seinem Hanswurst unter Berücksichtigung der Zensur durch das Landgericht Hamburg. Der Kampf eines Bürgers gegen ein Unternehmen mit faschistoiden Verhaltensweisen. Band I–X
Band I: ISBN 978-3-8334-7985-4

König Alfred und sein Hanswurst
Ein MALBUCH mit 66 heiteren Geschichten in Versform
ISBN: 978-3-8334-8037-9

Sokrates läßt Deutschland grüßen – damit Freiheit atmen kann
ISBN 978-3-8334-7988-5

Das große Kochbuch
Ein Menü für Juristen und verantwortungs-bewußte Staatsbürger
ISBN 978-3-8334-7987-8
Kurzfassung der Bande „Erlebnisse im Hotel I–VIII" in acht Kapiteln auf 526 Seiten mit den kompletten Vorworten und 327 Gedichten

Mir reicht's – Deutschland ade
ISBN 978-3-8334-7986-1

Bürger wacht auf!
Zum Obrigkeitsstaat
ISBN 978-3-8370-2276-6

Daß Liebe unser Leben durchdringt ...
ISBN 978-3-8334-7977-9

Für Dich
ISBN 978-3-8334-7975-5

Nur noch für Dich – Eine Liebeserklärung, Band I–III
Band I: ISBN 978-3-8334-7976-2
Band II: ISBN 978-3-8334-8769-9
Band III: ISBN 978-3-8334-7406-4

Anfang und Ende – Gedichte für einen geliebten
Menschen
ISBN: 978-3-8334-8770-5

Für Dich – Eine Nachlese
ISBN: 978-3-8370-6224-3

Du lebst in mir.
Die Trauer eines vereinsamten Menschen
ISBN: 978-3-8391-9300-6

Widerstand den Affenärschen!
Grundgesetz ade
ISBN: 978-3-8391-5609-4

Die Glüh-Birne
Zur Warnung und Erleuchtung!
ISBN: 978-3-8391-5761-9

Schlaf, Bürger, schlaf
Dies Buch lies nicht, sei brav!
ISBN: 978-3-8423-0466-6

Armes Deutschland
Kritische Betrachtungen zur Rechtslage
der Nation und einiges mehr.
In Versform
ISBN: 978-3-8423-9549-7